AF197728

Nimm mein
ramponiertes
Herz.

Dieses Buch ist für:

Ich habe dir
Blumen mitgebracht.

LIEBESDINGE von @kriegundfreitag

LAPPAN

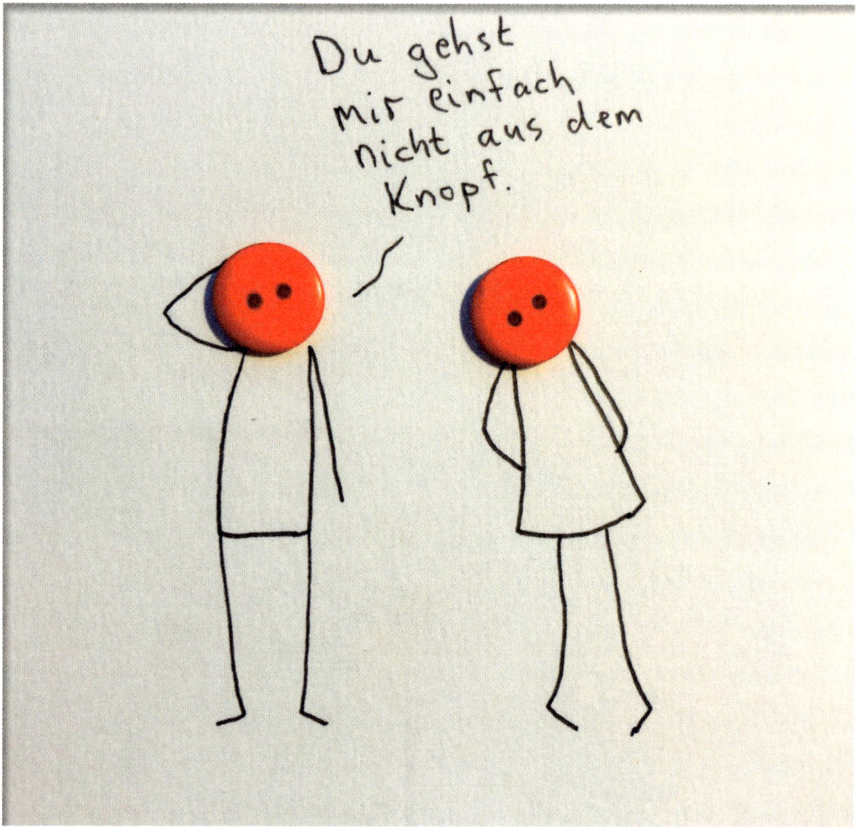
Du gehst mir einfach nicht aus dem Knopf.

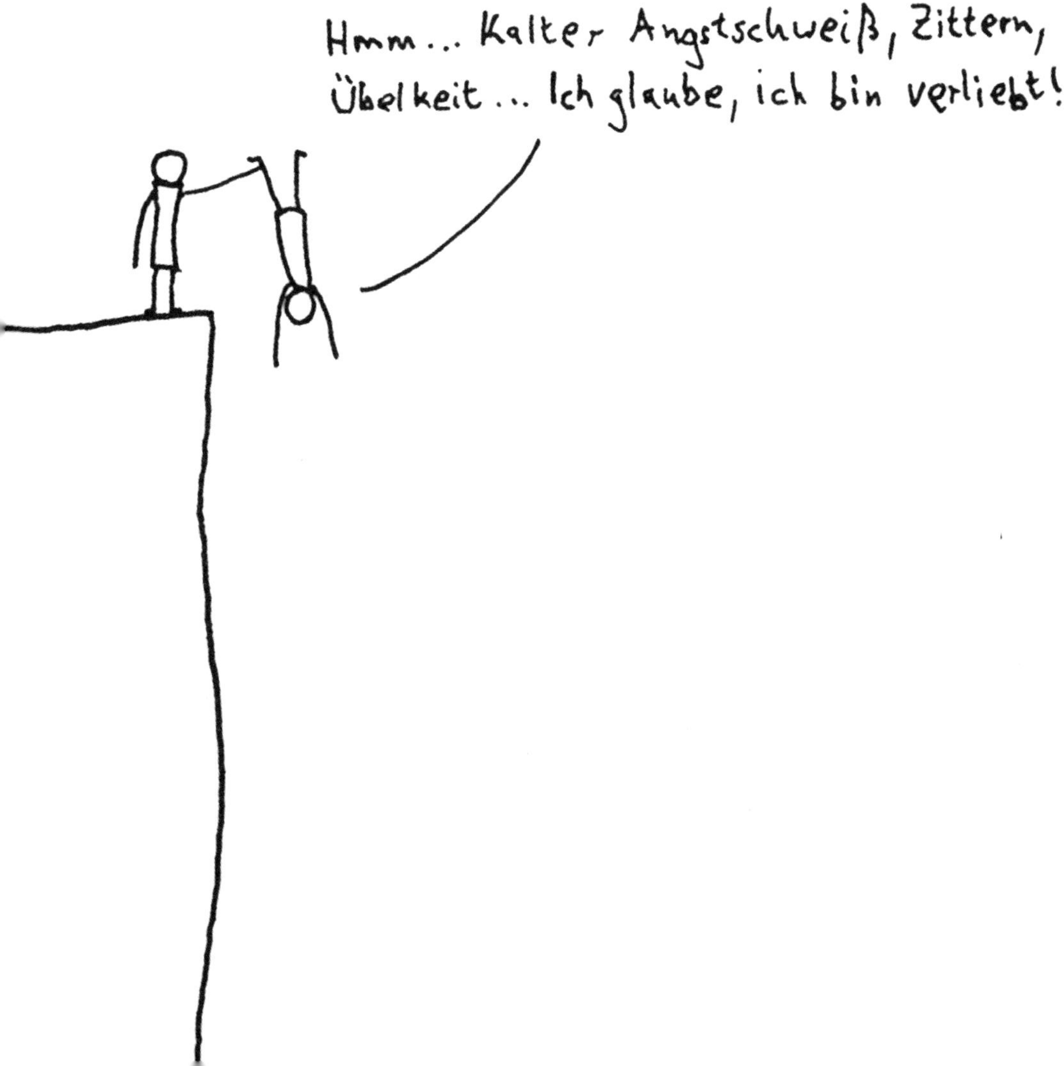
Hmm... Kalter Angstschweiß, Zittern, Übelkeit... Ich glaube, ich bin verliebt!

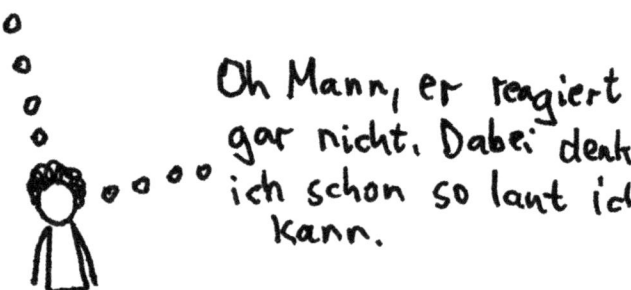

Habe meiner Frau gesagt, wie sehr ich sie darum beneide, dass es ihr komplett egal ist, was andere von ihr denken, aber es hat sie nicht interessiert.

Manchmal fühle ich mich
wie ein einsamer Planet
in einem kalten, gleichgültigen All.
Bitte um Landeerlaubnis!

„Lieber Arbeitgeber, meine Ankunft verschiebt sich auf unbestimmte Zeit, weil ich in einer Kussschleife gefangen bin."

Diese Herzaugen pochen den ganzen Tag so laut, ich werde wahnsinnig!

Du machst, dass
mein Herz ploppt.

Meine Frau und ich lieben uns, aber wenn der eine 49% und der andere 51% der Tafel Schokolade kriegt, wird's ungemütlich.

Ich hab letzte Nacht von dir geträumt.
Und ich hab von dir wach gelegen.

Ich liebe dich.
Ich dich auch.
Meine Güte, was bin ich froh, dass du so einen komischen Männergeschmack hast!

Schluss jetzt, verdammt! Orrr!
Ich kann die beiden echt nicht auseinanderhalten!
Ich hole einen Eimer Wasser.
Liebe
Sexe

Ich brauche dringend eine kurze Umarmung!
Ich habe aber nur lange Umarmungen.
Egal. Ich kann dir den Rest rausgeben.

Kreisverkehr

Ich habe jetzt eine App, die mein Schnarchen aufzeichnet und möchte mich bei meiner Frau und dem gesamten Stadtteil entschuldigen.

Hey, ich dachte, ich komme mal kurz unter deine dunkle Wolke.

Ja, okay. Hi.

Für mehr sinnlose Betörungswut.

Seit Amors Pfeil
mich traf, kann
ich mich nicht
mehr entspannt
Zurücklehnen.

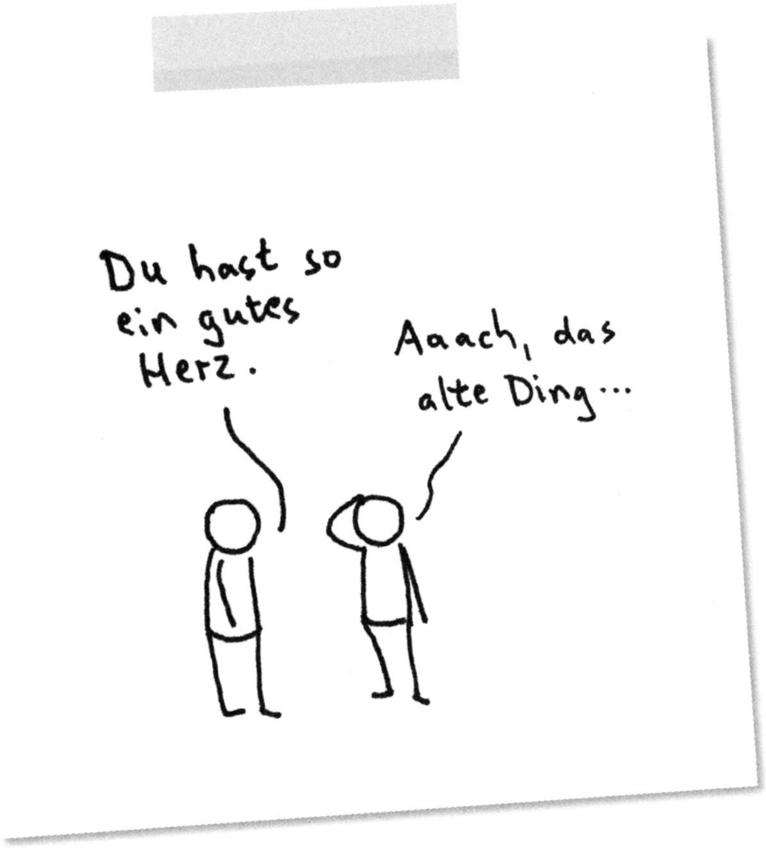
Du hast so ein gutes Herz.
Aaach, das alte Ding...

Ich will nicht sagen, dass meine Frau große Portionen gekocht hat, aber ich esse seit 15 Minuten und habe immer noch einen vollen Teller.

Als wir einmal gemütlich
Flanieren wollten
Hey, du musst
langsamer flanieren!

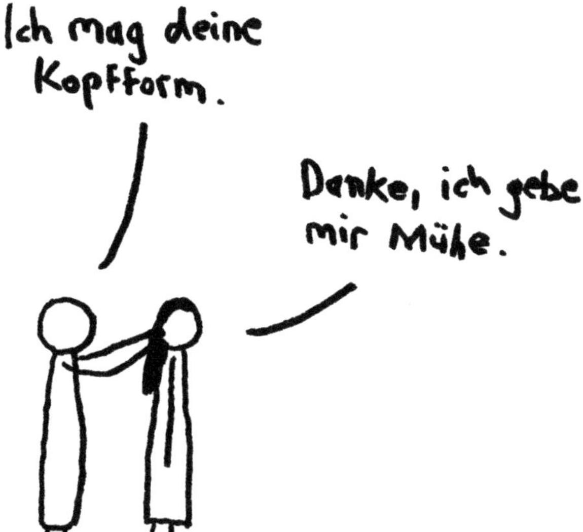
Ich mag deine Kopfform.
Danke, ich gebe mir Mühe.

Es ist sicher nicht leicht für dich, mit einem exzentrischen Künstler wie mir zusammen zu sein.
Ich liebe dich so, wie du bist.
Wie unoriginell!

Meine Frau und ich haben
uns lange gezankt, wer
etwas zu trinken holt und
dann ist sie irgendwann
losgegangen, mit zwei vollen
Gläsern zurückgekommen
und hat sie beide leer getrunken.

Hach, wir können so schön zusammen schweigen...
Hach, wir können so schön zusammen innerlich schreien.
AAAHHH!!!

Ich hasse alles.
Ich hasse auch alles.
Ich weiß. Dafür liebe ich dich.

Meine Frau: „Mir ist so furchtbar warm gerade."
Ich: „Soll ich das Fenster öffnen?"
Sie: „Nein."
Ich: „Soll ich den Ventilator anmachen?"
Sie: „Nein, du sollst aufhören, dass mir warm ist!"

Ich habe mir schlimm das Knie gestoßen! Tröste mich gefälligst!
Ja, kleinen Moment bitte!
* sucht nach Heile-heile-Gänschen-Youtube-Tutorial *

Deine Nase ist locker 4 Grad wärmer als meine.

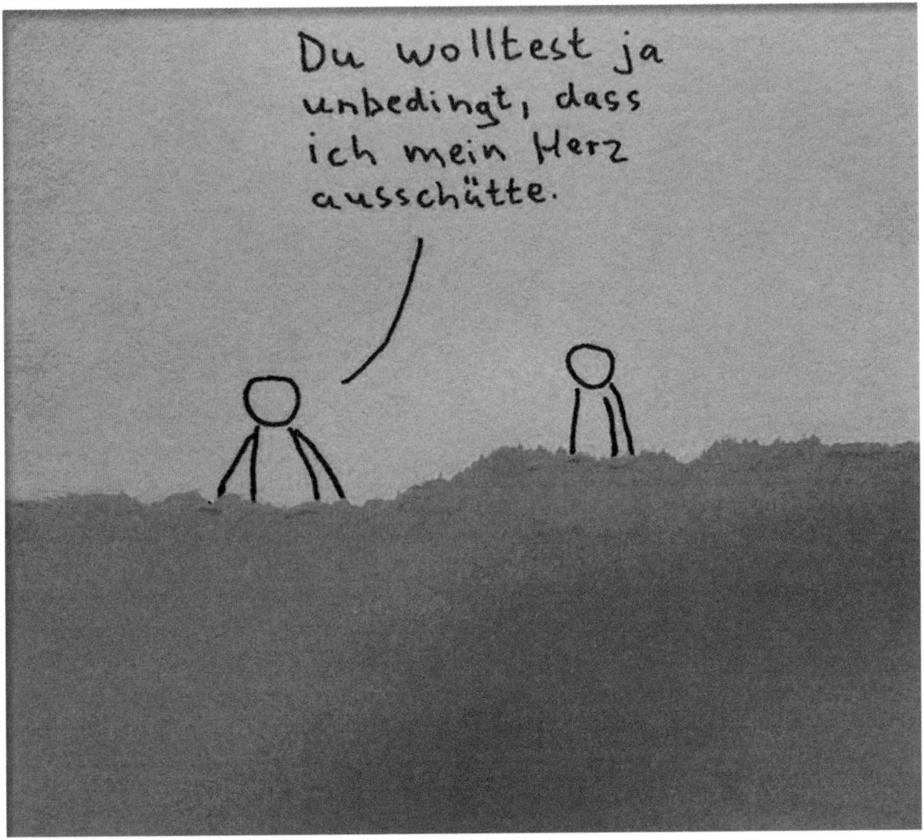
Du wolltest ja unbedingt, dass ich mein Herz ausschütte.

Meine Frau hat mich angeschrien, dass ich nicht einfach alles mit Glasreiniger säubern kann und dann hat sie mir die Flasche weggenommen und mich stattdessen unter die Dusche geschickt.

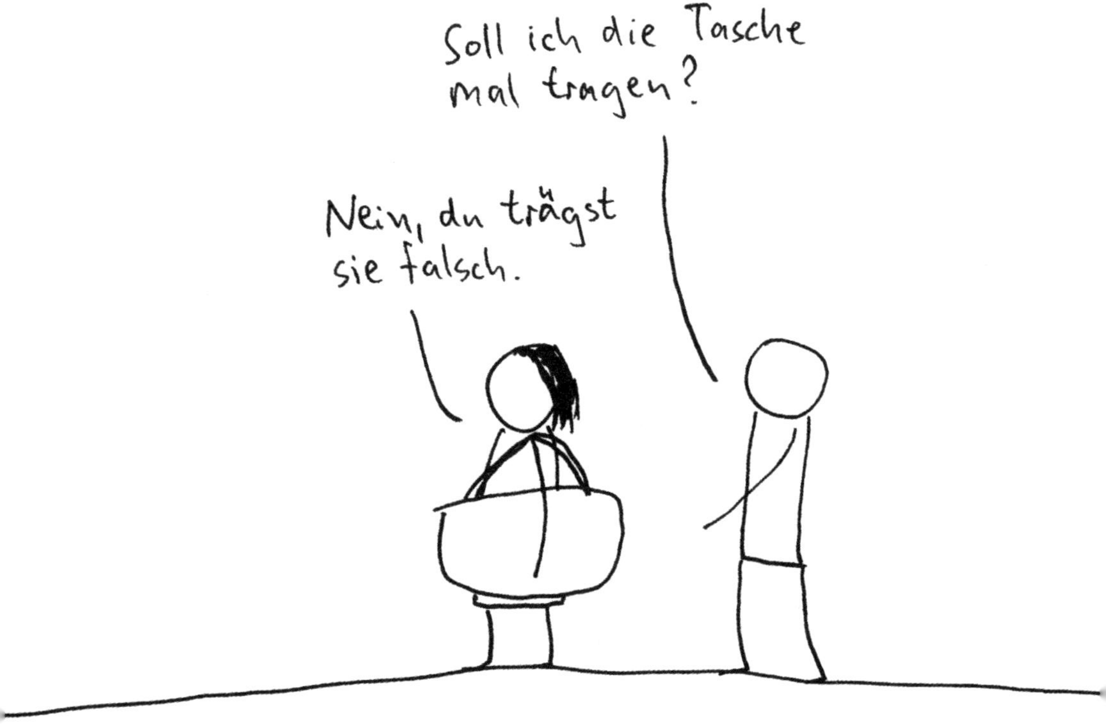
Soll ich die Tasche mal tragen?
Nein, du trägst sie falsch.

So, ich gehe dann jetzt zur Arbeit.
Warte, lass mich noch schnell meinen Kopf an dir reiben, um dich zu markieren.
Alle sollen wissen, dass du mir gehörst.

Ich liebe dich trotz deiner Stimmungs-schwankungen.
Und ich liebe dich, obwohl ich dich so hasse.

Ich: „Ich muss auf Toilette."
Meine Frau: „Ja, das
kenne ich."
Es ist einfach schön, so
verstanden zu werden.

Aaaaah!
Aaaaah!
Hach, er ist genau so hysterisch wie ich! Das ist Liebe!
Aaaaah!

Gut, dass du wieder da bist! Freie Tage ohne dich sind einfach unstrukturierter Kokolores!

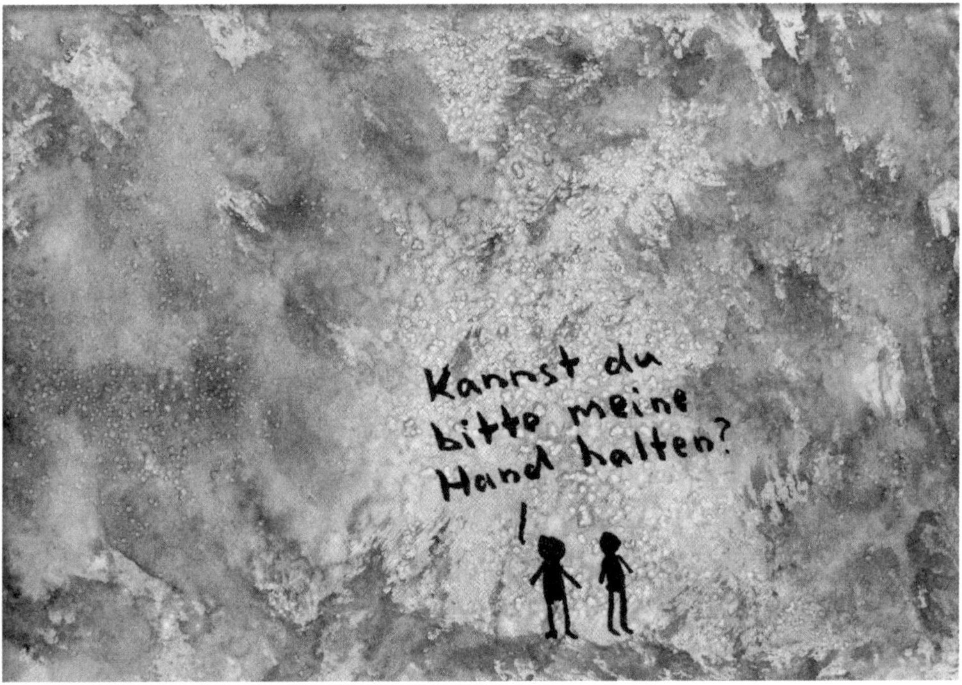
Kannst du bitte meine Hand halten?

Meine Frau: „Mir ist kalt."
Ich: „Soll ich die Heizung anmachen?"
Meine Frau: „Nein, ich will, dass
du für besseres Wetter sorgst."
Leute, ich habe es hier manchmal
echt nicht leicht.

Mit dir wird es einfach nie langweilig.
Ich erfinde mich ja auch ständig neu – wie Madonna.

Meine Frau ist aus ihrem
Mittagsschlaf aufgewacht,
hat sich aufgerichtet und
„So, jetzt geht's mir besser"
gesagt, und dann hat sie
sich wieder hingelegt und
weitergeschlafen.

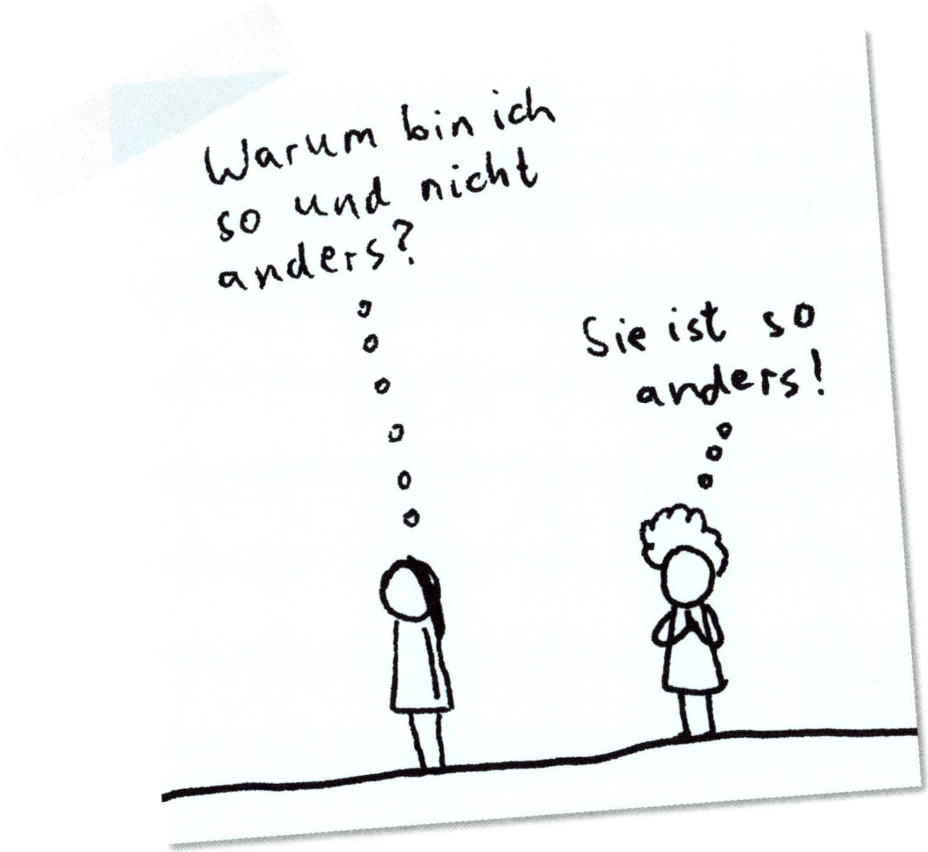
Warum bin ich so und nicht anders?
Sie ist so anders!

Ich habe das Gefühl, dir tief in deine Seele blicken zu können.
Dann möchte ich mich vielmals für die Unordnung entschuldigen.

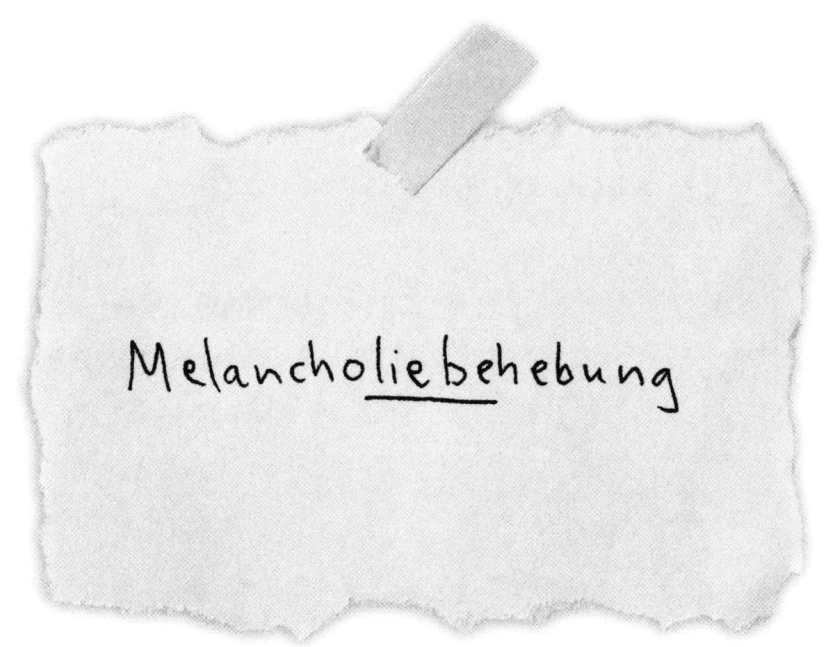

Melancholie<u>beh</u>ebung

Es gibt keinen Gegenwert
für die Gegenwart in
deiner Gegenwart.

In der Zukunft will ich
den Großteil meiner
Vergangenheit mit dir
verbracht haben.

@kriegundfreitag heißt eigentlich Tobias Vogel und veröffentlicht seit 2017 in verschiedenen sozialen Netzwerken seine mittlerweile berühmten humorvollen und poetischen Strichmenschen-Zeichnungen. Der Name „Krieg und Freitag" entstand durch die Autokorrektur seines Handys, das „Freitag" statt „Frieden" schrieb.

2019 gewann er den Grimme Online Award in der Kategorie „Kultur und Unterhaltung", 2020 den Max und Moritz-Publikumspreis. Er lebt mit Frau und kleinem Sohn in Hamburg.

Für Steffi, die inoffizielle Co-Autorin dieses Buchs. Ich liebe dich!

4. Auflage 2025

– Originalausgabe –

© 2021 Lappan Verlag in der Carlsen Verlag GmbH, Oldenburg/Hamburg

ISBN 978-3-8303-6388-0

Alle Rechte vorbehalten. Das Werk darf – auch teilweise – nur mit Genehmigung des Verlags wiedergegeben werden.

Wir behalten uns die Nutzung unserer Inhalte für Text- und Data-Mining im Sinne von § 44b UrhG ausdrücklich vor.

Mit Fragen zur Produktsicherheit wenden Sie sich bitte an: www.carlsen.de/kontakt

Text und Illustrationen: Tobias Vogel
Lektorat: Antje Haubner
Layout und Herstellung: Monika Swirski
Covergestaltung: Tobias Vogel | Monika Swirski

Fotos: S. 3, 57, 63: spacezerocom/Shutterstock.com, S. 10, 16, 22, 28, 34,38, 42, 50, 54: Pykodelbi/Shutterstock.com.

Wir produzieren nachhaltig

- Klimaneutrales Produkt
- Papiere aus nachhaltigen und kontrollierten Quellen
- Hergestellt in Europa

MIX
Papier | Fördert gute Waldnutzung
FSC
www.fsc.org   FSC® C018236

@kriegundfreitag zum Lesen und Mitmachen

ISBN 978-3-8303-3613-6

ISBN 978-3-8303-3570-2

ISBN 978-3-8303-6380-4

ISBN 978-3-8303-6410-8

ISBN 978-3-8303-3672-3

ISBN 978-3-8303-3688-4

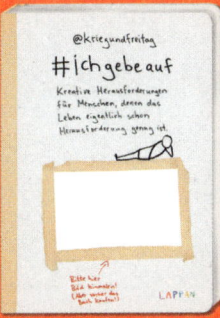

ISBN 978-3-8303-3574-0

Bücher, die Spaß bringen!

FOLGT UNS!  facebook.com/lappanverlag
Instagram.com/lappanverlag
www.lappan.de